# One
# SKETCH
# A Day

## THIS BOOK BELONGS TO:

NAME:................................................................

ADDRESS:...........................................................

........................................................................

PHONE:..............................................................

EMAIL:...............................................................

This book or any portion thereof may not be reproduced or copied for commercial purposes without the express written permission of the author.

ISBN: 978-1979926300

Created by *Just Plan* **Books**

© 2017 Just Plan Books. All rights reserved.

# 3 JANUARY

# 4 JANUARY

# 5 JANUARY

# 6 JANUARY

## 7 JANUARY

## 8 JANUARY

## 9 JANUARY

## 10 JANUARY

## 11 JANUARY

## 12 JANUARY

## 13 JANUARY

## 14 JANUARY

## 15 JANUARY

## 16 JANUARY

# 17 JANUARY

# 18 JANUARY

# 19 JANUARY

# 20 JANUARY

## 21 JANUARY

## 22 JANUARY

# 23 JANUARY

# 24 JANUARY

## 25 JANUARY

## 26 JANUARY

## 27 JANUARY

## 28 JANUARY

## 29 JANUARY

## 30 JANUARY

## 31 JANUARY

## 1 FEBRUARY

## 2 FEBRUARY

## 3 FEBRUARY

## 4 FEBRUARY

## 5 FEBRUARY

# 6 FEBRUARY

# 7 FEBRUARY

# 8 FEBRUARY

# 9 FEBRUARY

## 10 FEBRUARY

## 11 FEBRUARY

# 12 FEBRUARY

# 13 FEBRUARY

## 14 FEBRUARY

## 15 FEBRUARY

## 16 FEBRUARY

## 17 FEBRUARY

# 18 FEBRUARY

# 19 FEBRUARY

## 20 FEBRUARY

## 21 FEBRUARY

## 22 FEBRUARY

## 23 FEBRUARY

## 24 FEBRUARY

## 25 FEBRUARY

## 26 FEBRUARY

## 27 FEBRUARY

## 28 FEBRUARY

## 29 FEBRUARY

# 1 MARCH

# 2 MARCH

# 3 MARCH

# 4 MARCH

## 5 MARCH

## 6 MARCH

## 7 MARCH

## 8 MARCH

## 9 MARCH

## 10 MARCH

## 11 MARCH

## 12 MARCH

## 13 MARCH

## 14 MARCH

## 15 MARCH

## 16 MARCH

## 17 MARCH

## 18 MARCH

## 19 MARCH

## 20 MARCH

## 21 MARCH

## 22 MARCH

## 23 MARCH

## 24 MARCH

## 25 MARCH

## 26 MARCH

# 27 MARCH

# 28 MARCH

## 29 MARCH

## 30 MARCH

# 31 MARCH

# 1 APRIL

## 2 APRIL

## 3 APRIL

# 4 APRIL

# 5 APRIL

## 6 APRIL

## 7 APRIL

# 8 APRIL

# 9 APRIL

## 10 APRIL

## 11 APRIL

## 12 APRIL

## 13 APRIL

## 14 APRIL

## 15 APRIL

## 16 APRIL

## 17 APRIL

## 18 APRIL

## 19 APRIL

## 20 APRIL

## 21 APRIL

## 22 APRIL

## 23 APRIL

## 24 APRIL

## 25 APRIL

## 26 APRIL

## 27 APRIL

## 28 APRIL

## 29 APRIL

## 30 APRIL

## 1 MAY

# 2 MAY

# 3 MAY

# 4 MAY

# 5 MAY

## 6 MAY

## 7 MAY

# 8 MAY

# 9 MAY

## 10 MAY

## 11 MAY

## 12 MAY

## 13 MAY

## 14 MAY

## 15 MAY

## 16 MAY

## 17 MAY

## 18 MAY

## 19 MAY

## 20 MAY

## 21 MAY

## 22 MAY

## 23 MAY

## 24 MAY

## 25 MAY

## 26 MAY

## 27 MAY

## 28 MAY

## 29 MAY

## 30 MAY

## 31 MAY

# 1 JUNE

# 2 JUNE

## 3 JUNE

## 4 JUNE

## 5 JUNE

## 6 JUNE

# 7 JUNE

# 8 JUNE

# 9 JUNE

# 10 JUNE

# 11 JUNE

# 12 JUNE

## 13 JUNE

## 14 JUNE

## 15 JUNE

## 16 JUNE

## 17 JUNE

## 18 JUNE

## 19 JUNE

## 20 JUNE

## 21 JUNE

## 22 JUNE

## 23 JUNE

## 24 JUNE

## 25 JUNE

## 26 JUNE

## 27 JUNE

## 28 JUNE

## 29 JUNE

## 30 JUNE

# 1 JULY

# 2 JULY

## 3 JULY

## 4 JULY

# 5 JULY

# 6 JULY

# 7 JULY

# 8 JULY

# 9 JULY

# 10 JULY

## 11 JULY

## 12 JULY

## 13 JULY

## 14 JULY

## 15 JULY

## 16 JULY

## 17 JULY

## 18 JULY

# 19 JULY

# 20 JULY

## 21 JULY

## 22 JULY

## 23 JULY

## 24 JULY

## 25 JULY

## 26 JULY

## 27 JULY

## 28 JULY

## 29 JULY

## 30 JULY

## 31 JULY

## 1 AUGUST

## 2 AUGUST

## 3 AUGUST

## 4 AUGUST

## 5 AUGUST

# 6 AUGUST

# 7 AUGUST

# 8 AUGUST

# 9 AUGUST

## 10 AUGUST

## 11 AUGUST

## 12 AUGUST

## 13 AUGUST

# 14 AUGUST

# 15 AUGUST

# 16 AUGUST

# 17 AUGUST

## 18 AUGUST

## 19 AUGUST

## 20 AUGUST

## 21 AUGUST

## 22 AUGUST

## 23 AUGUST

## 24 AUGUST

## 25 AUGUST

## 26 AUGUST

## 27 AUGUST

## 28 AUGUST

## 29 AUGUST

## 30 AUGUST

## 31 AUGUST

# 1 SEPTEMBER

# 2 SEPTEMBER

# 3 SEPTEMBER

# 4 SEPTEMBER

## 5 SEPTEMBER

## 6 SEPTEMBER

# 7 SEPTEMBER

# 8 SEPTEMBER

# 9 SEPTEMBER

# 10 SEPTEMBER

## 11 SEPTEMBER

## 12 SEPTEMBER

## 13 SEPTEMBER

## 14 SEPTEMBER

## 15 SEPTEMBER

## 16 SEPTEMBER

# 17 SEPTEMBER

# 18 SEPTEMBER

## 19 SEPTEMBER

## 20 SEPTEMBER

## 21 SEPTEMBER

## 22 SEPTEMBER

## 23 SEPTEMBER

## 24 SEPTEMBER

## 25 SEPTEMBER

## 26 SEPTEMBER

## 27 SEPTEMBER

## 28 SEPTEMBER

## 29 SEPTEMBER

## 30 SEPTEMBER

# 1 OCTOBER

# 2 OCTOBER

# 3 OCTOBER

# 4 OCTOBER

# 5 OCTOBER

# 6 OCTOBER

# 7 OCTOBER

# 8 OCTOBER

# 9 OCTOBER

# 10 OCTOBER

# 11 OCTOBER

# 12 OCTOBER

# 13 OCTOBER

# 14 OCTOBER

## 15 OCTOBER

## 16 OCTOBER

## 17 OCTOBER

## 18 OCTOBER

# 19 OCTOBER

# 20 OCTOBER

# 21 OCTOBER

# 22 OCTOBER

## 23 OCTOBER

## 24 OCTOBER

## 25 OCTOBER

## 26 OCTOBER

## 27 OCTOBER

## 28 OCTOBER

## 29 OCTOBER

## 30 OCTOBER

## 31 OCTOBER

## 1 NOVEMBER

## 2 NOVEMBER

## 3 NOVEMBER

## 4 NOVEMBER

## 5 NOVEMBER

# 6 NOVEMBER

# 7 NOVEMBER

## 8 NOVEMBER

## 9 NOVEMBER

## 10 NOVEMBER

## 11 NOVEMBER

## 12 NOVEMBER

## 13 NOVEMBER

## 14 NOVEMBER

## 15 NOVEMBER

## 16 NOVEMBER

## 17 NOVEMBER

## 18 NOVEMBER

## 19 NOVEMBER

## 20 NOVEMBER

## 21 NOVEMBER

## 22 NOVEMBER

## 23 NOVEMBER

## 24 NOVEMBER

## 25 NOVEMBER

## 26 NOVEMBER

## 27 NOVEMBER

## 28 NOVEMBER

## 29 NOVEMBER

# 30 NOVEMBER

# 1 DECEMBER

## 2 DECEMBER

## 3 DECEMBER

## 4 DECEMBER

## 5 DECEMBER

# 6 DECEMBER

# 7 DECEMBER

## 8 DECEMBER

## 9 DECEMBER

## 10 DECEMBER

## 11 DECEMBER

## 12 DECEMBER

## 13 DECEMBER

## 14 DECEMBER

## 15 DECEMBER

## 16 DECEMBER

## 17 DECEMBER

## 18 DECEMBER

## 19 DECEMBER

## 20 DECEMBER

## 21 DECEMBER

## 22 DECEMBER

## 23 DECEMBER

## 24 DECEMBER

## 25 DECEMBER

## 26 DECEMBER

## 27 DECEMBER

## 28 DECEMBER

## 29 DECEMBER

# 30 December

# 31 December

Printed in Great
Britain
by Amazon